DIE REIHE
Archivbilder

SPITTAL AN DER DRAU

DIE REIHE
Archivbilder

SPITTAL AN DER DRAU

Hartmut Prasch und Jörg-Wolfgang Herzog

ALAN
SUTTON

Sutton Verlag GmbH
Gustav-Adolf-Straße 3
D-99084 Erfurt
http://www.suttonverlag.de

1. Auflage 2000

ISBN 3-89702-198-6

Druck: Midway Clark Printing, Wiltshire, England

Inhaltsverzeichnis

Danksagung

Die Zusammenstellung eines solchen Bandes, bei dem nicht starre Bauten, sondern die Menschen einer Stadt deren Wandel dokumentieren, ist ohne die Mithilfe öffentlicher Institutionen und von Privatpersonen kaum möglich. Deshalb sei an dieser Stelle den folgenden Personen für das Bereitstellen von Bildern herzlich gedankt: Frau Traude Huber, Frau Trude Marx, Frau Maria Zojer (Chronik des Kirchenchores Spittal), Herrn Herbert Dunkl, Herrn Michael Wallner sowie dem Archiv der Stadtgemeinde Spittal an der Drau, dem Archiv des Museums für Volkskultur Spittal an der Drau und dem Kulturamt der Stadt Spittal an der Drau.

Vielleicht kann dieser Band auch dazu beitragen, daß noch weitere Spittalerinnen und Spittaler in ihren privaten Fotoalben Bildmaterial finden, das, den oben genannten Archiven zur Verfügung gestellt, die Möglichkeit eröffnet, eine weitreichendere Dokumentation zum Leben in Spittal und seinem Wandel anzulegen.

Einleitung

Die Stadt Spittal an der Drau hat sich im Laufe ihrer mehr als 800jährigen Geschichte – die erste urkundliche Erwähnung stammt aus dem Jahre 1191 – zur Metropole der Region Oberkärnten entwickelt. Heute stellt sie als Zentrum zwischen Drau-, Möll-, Lieser- und Gegendtal sowohl kulturell, als auch schulisch und wirtschaftlich den Mittelpunkt der Großteils von hochalpinem Charakter geprägten westlichen Hälfte des Bundeslandes Kärnten dar.

Spittals Einfluß als Herrschaftsmittelpunkt und geistiges Zentrum geht schon auf wesentlich ältere Wurzeln in der unmittelbaren Umgebung zurück. So wird die römische Stadt Teurnia, 4 km westlich von Spittal, als Bischofssitz bereits Anfang des 5. Jahrhunderts in der „vita Severini", der Lebensgeschichte des Hl. Severin, als „metropolis norici", als Hauptstadt der Provinz Noricum, genannt.

4 km östlich der Stadt, im heutigen Gemeindegebiet, wurde in den Jahren zwischen 772 und 788 in Molzbichl das älteste Kloster Kärntens gegründet. Ab 1135 erlebte Spittal als Mittelpunkt der Grafschaft Ortenburg bis zur Aufhebung der Grundherrschaft im Jahre 1848 ein wechselhaftes Schicksal unter der Herrschaft von Adelsgeschlechtern aus ganz Europa. Bereits unter den aus Bayern stammenden Ortenburgern, die anno 1191 das „Spittl" als Haus für Arme, Kranke und Reisende gegründet und damit der Ansiedlung an der Lieser ihren heutigen Namen gegeben hatten, erhielt Spittal das Marktrecht (1242), wurde jedoch noch von der mächtigen Ortenburg aus, 3 km südlich am Fuße des Spittaler Hausbergs Goldeck gelegen, beherrscht.

Mit dem Aussterben der Ortenburger fiel die Grafschaft an die Grafen von Cilli aus Slowenien, die zwischen 1420 und 1456 herrschten. Danach gelangte sie an das Kaiserhaus Habsburg und wurde von dessen Regenten ab dem Jahre 1524 an einflußreiche Geschlechter verkauft. In diese Periode fällt auch eine der schwersten Zeiten in der Geschichte der Stadt: Fünf Türkeneinfälle zwischen den Jahren 1473 und 1483, im Zuge derer der Markt einmal (1478) zur Gänze niedergebrannt wurde, und ein großer Bauernaufstand im selben Jahr brachten den Bewohnern Not, Elend, Krankheiten, Tod und Armut ebenso wie Plünderungen durch die Ungarn.

Erst als Gabriel von Salamanca, aus Burgos in Spanien stammend und zu höchsten Ehren im Kaiserhaus Habsburg aufgestiegen, im Jahre 1524 die Grafschaft erwarb, ging es wieder aufwärts. Ihm verdankt Spittal nicht nur sein Prunkstück, das Schloß Porcia als einen der schönsten Renaissancebauten außerhalb Italiens, sondern durch seine Stiftung eines neuen Hofspitals ein zweites bedeutendes Bauwerk jener Zeitperiode. Unter Gabriels Herrschaft wurde erstmals der Markt unmittelbar zum Herrschaftsmittelpunkt. Gleichzeitig errichtete ein weiteres bedeutendes Geschlecht, die Khevenhüller, deren Nachfahren bis heute die Burg Hochosterwitz besitzen, ein Renaissanceschloß im Zentrum des Marktes – das heutige Rathaus.

Nach dem Aussterben der Salamanca erwarben die Brüder Widmann, ein bedeutendes Handelsgeschlecht in der Region zwischen Venedig und Augsburg, die Grafschaft, bis diese im Jahre 1662 von Fürst Johann Ferdinand von Porcia erworben wurde. Die Porcia, deren Namen das

Schloß bis heute trägt, stammen aus Friaul in Italien, wo sie noch heute ihren Stammsitz mit den dazugehörigen Weingütern in der gleichnamigen Stadt verwalten. Sie sind das letzte herrschende Geschlecht der Grafschaft Ortenburg und blieben auch nach dem Ende der Grundherrschaft im Jahre 1848 noch bis zum Zerfall der österreichisch-ungarischen Monarchie nach Ende des Ersten Weltkrieges (1918) Besitzer des Schlosses. Zwischenzeitlich wurde Spittal, nachdem im Zuge der französischen Besetzung des Jahres 1797 der Markt durch einen Großbrand beinahe zur Gänze vernichtet worden war, von 1809 bis 1814 mit ganz Oberkärnten Teil des Französischen Kaiserreichs. Erst die Beschlüsse des Wiener Kongresses erlaubten im Zuge der Wiederherstellung des europäischen Staatensystems die Rückführung.

Nachdem Baron Klinger von Klingerstorff das Schloß und die Besitzungen der Porcia erworben hatte, wurde das Spittaler Prunkgebäude im Jahre 1930 samt dem zugehörigen Park von der Marktkommune erworben und so bis heute für die Öffentlichkeit erhalten.

Mit dem Ende der feudalen Herrschaftsgeschichte traten die Leistungen der Bürger der Stadt immer mehr in den Mittelpunkt der Geschichtsschreibung und durch das Aufkommen eines neuen Mediums, der Fotografie, erscheint auch die Dokumentation der Stadtentwicklung in einem weit umfangreicheren Maße möglich. Dieser Umstand bietet für den vorliegenden Band die Ausgangslage. Während sich die „Vorgeschichte“ in erster Linie nach schriftlichen Quellen orientiert, steht nunmehr ab Ende des 19. Jahrhunderts eine bildliche Dokumentation der Details zur Verfügung, auch wenn diese immer unvollständig und lückenhaft bleiben wird.

Private Fotodokumente ebenso, wie Bestände der lokalen Archive wurden herangezogen, um in einer Art Panoptikum die Entwicklung Spittals vom Markt zur Stadt, die es seit dem Jahre 1930 ist, den Wandel der städtischen Struktur, die Ereignisse der unmittelbaren Vergangenheit in Kriegs- und Friedenszeiten, den Fortschritt und die damit verbundenen Veränderungen im technischen Anspruch und Bedarf sowie das gesellschaftliche und kulturelle Leben der Bewohner darzustellen. Dabei stehen nicht Ansichten von Gebäuden, die zweifellos auch Ausdruck der Entwicklung sind, im Mittelpunkt, sondern Szenen, in denen die Menschen der Stadt die Hauptrolle spielen.

Der Umstand, daß es häufig nicht gelang, die dargestellten Personen namentlich zu identifizieren, soll hierbei nicht als Mangel angesehen werden. Im Gegenteil kann dies durchaus dazu anregen, den Betrachter zur Suche nach Bekannten zu motivieren. Zudem erscheinen Namen nur in Einzelfällen von besonderer Bedeutung, die meisten Errungenschaften gehen ohnehin auf das Konto aller Spittaler zum Wohle aller Spittaler.

Vom Bau der Tauernbahn als wichtigste Verkehrsanbindung zu Beginn des 20. Jahrhunderts über einschneidende bautechnische Maßnahmen im Straßenverkehr in den fünfziger und sechziger Jahren, den schweren Zeiten, die die Bevölkerung in zwei Weltkriegen und im Kärntner Abwehrkampf der Jahre von 1918 bis 1920 zu erdulden hatte, von den Veränderungen des Erscheinungsbildes der gesamten Stadt und ihrer Bewohner, auch bedingt durch ein Ansteigen der Bevölkerung von 2.206 Einwohnern (1890) auf 16.127 Einwohner im Jahre 1999, bis hin zum Facettenreichtum des gesellschaftlichen Lebens und dem breiten Spektrum kultureller Angebote vom Internationalen Chorbewerb über die Komödienspiele Porcia und das Museum für Volkskultur bis zur Vielzahl aktiver Vereine und Organisationen spannt sich dabei der Bogen.

Vollständigkeit konnte dabei in keinem Bereich erreicht werden und war auch nicht Ziel. Einzelne Momentaufnahmen verschiedener Zeitabschnitte bieten dennoch in ihrer Vielfalt Puzzlestücke, die ein Gesamtbild der Entwicklung der Periode von 1890 bis 1970 entstehen lassen können.

1

Stadtentwicklung – Vom Markt zur Bezirksstadt

Der Hauptplatz, um 1900 noch verkehrsfrei, war das Kommunikationszentrum des Marktes.

Schloß Porcia, ab dem Jahre 1533 von Gabriel von Salamanca erbaut, bildet noch heute den Mittelpunkt Spittals. Um die Jahrhundertwende war der Burgplatz noch von Gartenanlagen und Brunnen dominiert.

Das Prunkzimmer des Schlosses, in dem auch Kaiserin Maria Theresia übernachtet haben soll, um 1890. Von der ursprünglichen Einrichtung sind heute nur mehr Einzelstücke im Museum für Volkskultur zu besichtigen, da der letzte adelige Besitzer, Baron Klinger von Klingerstorff, die gesamte Einrichtung im Jahre 1918 versteigern ließ.

Der Ahnensaal des Schlosses war nicht nur Empfangsraum, sondern beherbergte um 1900 auch die umfangreiche Ahnengalerie der Porcia, die nach dem Verkauf Großteils in das Stammschloß nach Porcia/Friaul übertragen wurde.

Fürst Ferdinand von Porcia (1838-1902) war der 13. Fürst, allerdings nur mehr Verwalter der Besitzungen, da die Grundherrschaft bereits im Jahre 1848 aufgehoben worden war.

Gemeinsam mit dem Oberkärntner Maler Martin Lading bemalte Fürst Ferdinand um 1880 die Westfassade des Schlosses mit großflächigen Fresken und Sgrafitti. Im Zuge der Fassadensanierung um 1960 wurden die Fresken – undokumentiert – abgeschlagen.

Ein Bild aus dem Jahre 1898 zeigt Fürst Ferdinand mit Familie im Schloßhof Porcia bereit zur Ausfahrt in die Auen der Drau.

Der letzte adelige Besitzer war Baron Klinger von Klingerstorff, zweiter von rechts, der im Jahre 1918 Schloß und Ländereien der Porcia erwarb. Bereits 1930 verkaufte er das Schloß an die Marktkommune Spittal.

Die älteste erhaltene Ansicht des Spittaler Hauptplatzes, etwa 1860.

Um 1890 zeigte sich der Hauptplatz als einheitliches Bauensemble mit Bürgerhäusern, Geschäften, Handwerksbetrieben und Gasthöfen, die den Platz auch für Schanigärten nutzten.

Sehen und gesehen werden war am Spittaler Hauptplatz die Devise der Bürgerinnen und Bürger, die an Sonn- und Feiertagen dort promenierten, 1904.

Die Kombination aus Laterne und Brunnen am Hauptplatz war bis ins Jahr 1910 ein wesentlicher Punkt für alle Anwohner, denn erst um diese Zeit wurden die Haushalte Zug um Zug an das Wasserleitungsnetz angeschlossen.

Der Gasthof „Alte Post“ war schon in der ersten Dekade des 20. Jahrhunderts das erste Haus am Platz und ist es bis heute geblieben.

In der Großküche des Gasthofes „Alte Post“ wurde sowohl für Hausgäste als auch für die Spittaler Gasthausbesucher ausgekocht, 1922.

Das Gruppenbild des Küchen-, Servier- und Zimmerpersonals des Gasthofs „Alte Post“ zeigt, daß dieser Betrieb um 1915 zu den wichtigsten Arbeitgebern des Marktes zählte.

In der Zeit um 1935 präsentierte sich der Hauptplatz bereits wesentlich verkehrsreicher. Automobile und Fahrräder gehörten schon zum alltäglichen Straßenbild.

Der Apotheker Mag. Johann Drobny, links, war in den Jahren von 1905 bis 1949 in der Hygiea-Apotheke am Spittaler Hauptplatz tätig. Im Bild mit Mag. August Dorn, 1926.

Mit seinen Freunden Thomas Glantschnig, links, und Dr. Rudolf Staber, rechts, unternahm er in seiner Freizeit wichtige Forschungen zur Pflanzenwelt der Oberkärntner Alpen. Staber entdeckte dabei im Jahr 1934 die sogenannte Lendorfer Wunderblume, die gelbe Alpenrose, als botanische Sensation.

Am Rathausplatz wurde im Jahre 1890 der sogenannte Alexis-Brunnen, der Alexander Ebner-Brunnen, zur Erinnerung an einen großen Gönner Spittals errichtet. Dieser wurde 16 Jahre später durch einen monströseren ersetzt, der wiederum im Jahre 1926 dem zunehmenden Straßenverkehr weichen mußte.

Gegenüber dem Schloß Porcia befand sich das aus der gleichen Bauzeit stammende Gesindehaus, etwa 1908, in das im Jahre 1910 die Gewerbe- und Handelsbank einzog.

In der Folge wurde das Gesindehaus den neuen räumlichen Bedürfnissen entsprechend adaptiert und ausgebaut, ehe es im Jahre 1965 abgerissen und durch einen großen Neubau ersetzt wurde, etwa 1935.

Die Tiroler Straße mit dem Hotel „Salzburg" und der Bezirkshauptmannschaft, um 1910.

Bereits ab den vierziger Jahren des 19. Jahrhunderts diente das ehemalige Spittl als Volksschule, 1890.

Im Jahre 1935 übergab die Stadt das Spittl an das Bundesheer. Umbenannt in Trojer-Kaserne diente es bis 1991 als Unterkunft für Jungmänner, 1936.

In den Jahren 1955 und 1956 mußte die Osteinfahrt nach Spittal grundlegend neu gestaltet werden. Im Zuge dessen wurde die Fassade des Spittls abgebaut und um 2 m zurückversetzt. Zwischen 1991 und 1998 wurde das Spittl generalsaniert und ist heute Sitz der Fachhochschule.

Die gesamte Brückenstraße glich einer einzigen Baustelle, da auch die im Jahre 1905 errichtete Eisenbogenbrücke durch eine neue ersetzt wurde.

Die alte Brücke wurde 600 m flußabwärts transportiert und leistete dort als Wirtschaftsbrücke bis in das Jahr 1998 gute Dienste.

Erst im Jahre 1905 erhielt Spittal neben der Volksschule auch eine Bürgerschule, die in einem eigenen Gebäude am Dr.-Arthur-Lemisch-Platz untergebracht war. Das Bauwerk wurde von 1965 bis 1968 durch den neuen Hauptschulkomplex ersetzt. Es ist die 3. Klasse des Jahrgangs 1925/26 vor dem Hauptportal zu sehen.

Unmittelbar neben der Bürgerschule befand sich Spittals erster Kindergarten, der im Jahre 1910 eingerichtet wurde.

Bereits zwei Jahre nach seiner Gründung, im Jahre 1912, wurden etwa 50 Kinder im Spittaler Kindergarten betreut.

Sowohl der Kindergarten als auch die Schulen wurden bei den großen Feierlichkeiten gerne mit einbezogen. So marschierten die Kleinsten im Festgewand bei der Fronleichnamsprozession, 1910.

Um 1920 schlossen sich unmittelbar an das bürgerliche Zentrum des Marktes, vor allem auch zur Lieser hin, noch bäuerliche Anwesen und Handwerksbetriebe an.

Die zum Großteil in Holzblockbau errichteten bäuerlichen Anwesen bildeten einen durchaus reizvollen Kontrast zu den großen gemauerten Bürgerhäusern.

Im Jahre 1916 wurde die Glocke der Stadtpfarrkirche eingeschmolzen und diente als Rohstoff für Gewehre und Kugeln.

Unter großer Anteilnahme der Bevölkerung wurde die Glocke abmontiert und vom Turm herabgeworfen.

Die Spittaler verabschiedeten sich von der geschmückten Glocke auf deren Weg in die Schmelze.

Dasselbe Schicksal ereilte die neuen Spittaler Glocken im Jahre 1942.

Erst im November 1950 wurde die Stadtpfarrkirche mit einem neuen Geläut ausgestattet.

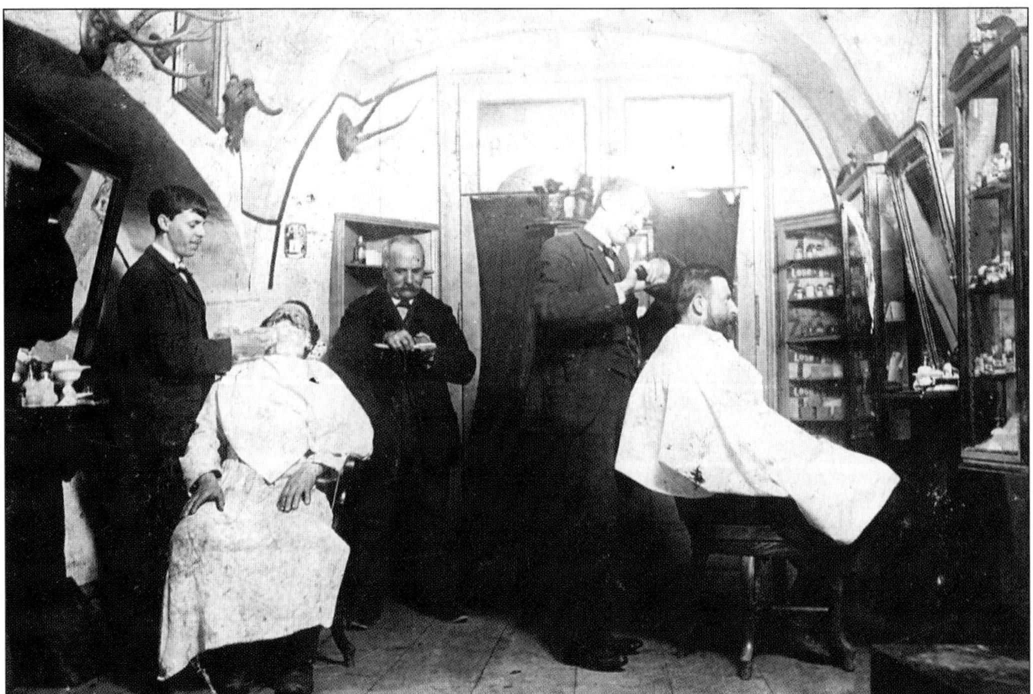

Friseursalon Viktor Finster am Spittaler Hauptplatz, ca. 1900.

Rund um das Zentrum des Marktes befanden sich um 1920 die wichtigsten Handwerksbetriebe. Nur wenige davon bestehen heute noch, wenn auch mit anderen Produktionsschwerpunkten. So wurde aus der Schlosserei Riebler einer der größten Sanitärbetriebe der Stadt.

Wenig Maschinen und viel Handarbeit zeichnete den Alltag der Handwerker aus. Aus der Tischlerei Brunner, hier um 1920, wurde später die Tischlerei Umfahrer in der Bernhardtgasse.

Der alte Huf- und Wagenschmied Peter Winkler mit seinem Sohn ist der älteste Schmiedebetrieb Spittals, um 1930.

Aus dem Huf- und Wagenschmied wurde, nachdem der Pferdebestand drastisch zurückgegangen war und auch kaum mehr Bedarf an beschlagenen Holzrädern bestand, bald der Kunstschmied Peter Winkler. Er ist bis heute aktiv und hat an vielen öffentlichen Gebäuden und Einrichtungen die hervorragenden Zeugnisse seines handwerklichen Könnens unter Beweis gestellt.

Jakob Sucher war Spittals letzter Hafnermeister. Seine Familie übernahm im Jahre 1890 den Schwarz- und Grünhafnerbetrieb in der Brauhausgasse, der bereits seit der Mitte des 17. Jahr-hunderts bestanden haben dürfte. Mit dem Tod Jakob Suchers im Jahre 1956 erlosch auch der Betrieb. Seine Werkzeuge, Modelle und Produkte sind heute im Museum für Volkskultur ausge-stellt.

Um 1910 bestanden die Stadtteile östlich der Lieser, die heute mit die Hauptsiedlungsgebiete sind, fast ausschließlich aus landwirtschaftlichen Nutzflächen. Die Aufnahme zeigt den heutigen Bereich Liesersiedlung/Südbahnstraße.

Große Anteilnahme zeigte die Bevölkerung an der Einweihung des neuen Friedhofs im Osten der Stadt an der Edlingerstraße, 1911.

Zum neuen, großzügig angelegten Friedhofsareal gehörte im Jahre 1911 bereits eine Aussegnungshalle.

Bereits kurz nach Ende des Zweiten Weltkrieges wurde am Burgplatz mit dem Bau einer Großkanalisation für den Innenstadtbereich begonnen.

Im Jahre 1960 schließlich glich der gesamte Hauptplatz einer einzigen Großbaustelle, als auch dort der Kanal – händisch – gegraben wurde.

Im Jahre 1969 erfolgte der Spatenstich zum Bau des Spittaler Hallen- und Freibades.

In nur zwei Jahren Bauzeit wurde eine der – für damalige Verhältnisse – modernsten Schwimmsportanlagen Österreichs errichtet.

Im sozialen Wohnbau ist Spittal schon seit der Zeit zwischen den Weltkriegen führend. In den folgenden Jahrzehnten entstanden neue Siedlungsräume vor allem im Süden und Osten der Stadt, um 1968.

Immer wieder wurde Spittal auch von Naturkatastrophen heimgesucht. Das große Hochwasser des Jahres 1903 verursachte enorme Sachschäden.

Auch die Lieserbrücke wurde aus ihren Verankerungen gerissen und flußabwärts abgetrieben.

Mitte der sechziger Jahre wurde Spittal mehrmals von Hochwassern heimgesucht. In der Kranabethsiedlung konnte man sich nur mit Booten fortbewegen, 1965. Erst mit dem Bau der Kölnbreinsperre im Maltatal und der Drauregulierung konnte diese Gefahr gebannt werden.

Schon seit dem Ende des 19. Jahrhunderts kam der Freiwilligen Feuerwehr im eng verbauten Markt große Bedeutung zu. Bis heute sind Freiwillige für die Brandbekämpfung zuständig.

Der erste Spittaler Eisplatz beim alten Feuerwehrhaus erfreute sich bei jung und alt größter Beliebtheit, um 1955.

Die Fratresstraße war um 1900 eine beliebte Rodelbahn.

Rodelpartien hatten auch im Jahre 1925 noch große gesellschaftliche Bedeutung.

Auch am Millstätter See hat die Gemeinde Spittal Anteil. Im Sommer als Badesee begehrt, eignete er sich im Winter zum Eislaufen hervorragend, auch wenn man es um 1930 gerne etwas bequemer hatte.

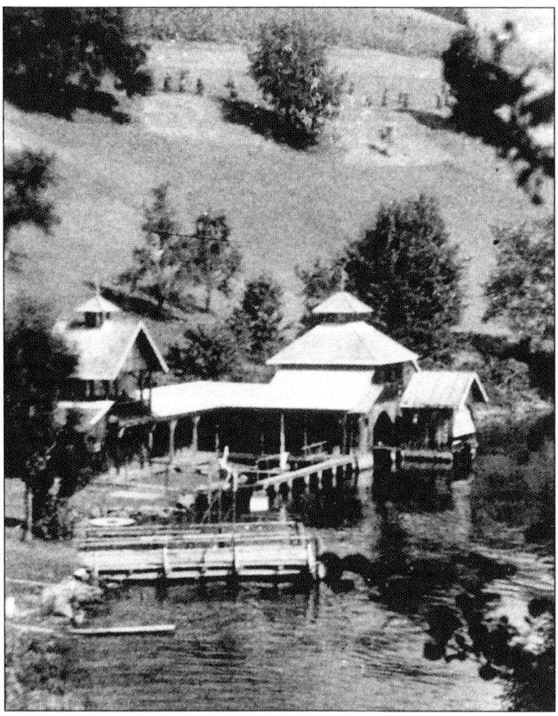

Die ehemalige Badeanlage in der Laggerbucht, 1936.

Einer der ersten Industriebetriebe Spittals befindet sich an der Nordausfahrt der Stadt an der Lieser. Vor dem Jahre 1872 stand hier ein Hammerwerk, das von Anton L. Moritsch erworben und bis 1887 zu einer Braunholzschleiferei und Braunpappenerzeugung umgebaut wurde. Aus dieser Zeit stammt auch das Bild. Im Jahre 1906 erwarb Anton Volpini de Maestri III. die Pappenfabrik und stellte erst 66 Jahre später die Produktion auf Kunststoffbecher und Folien um, die bis heute erfolgreich läuft.

Die erste Reichsstraße durch die Lieserschlucht wurde von 1878 bis 1880 gebaut. Die Ansicht stammt wahrscheinlich aus dem Jahre 1915.

Die alte Draubrücke beim Drauwirt war die Verbindung von Spittal zu den Dörfern am Fuße des Goldecks – Schüttbach, Unterhaus, Baldramsdorf, um 1930.

2

In Krieg und Frieden

Die Idylle täuscht. Der Erste Weltkrieg war kurz vor seinem Ausbruch, 1913.

Die Feldmesse für die Gebirgshaubitzenbatterie wurde im Jahre 1915 auf den Feldern in den Auen zelebriert.

Schwere Artillerie wurde am Bahnhof Spittal im Jahre 1915 verladen.

Die abrückenden Gebirgsjäger verabschiedeten sich von ihren Angehörigen am Spittaler Bahnhof, 1915.

Die große Anteilnahme am Abrücken der Gebirgshaubitzenbatterie zeugt von Verbundenheit auch über Familienbande hinaus.

Stolz schmückten sich die „Verbliebenen" des Jahrgangs 1913/14, nachdem sie die Musterung bestanden hatten, mit Blumen.

Ein, oft letztes, Foto für die Daheimgebliebenen, 1914.

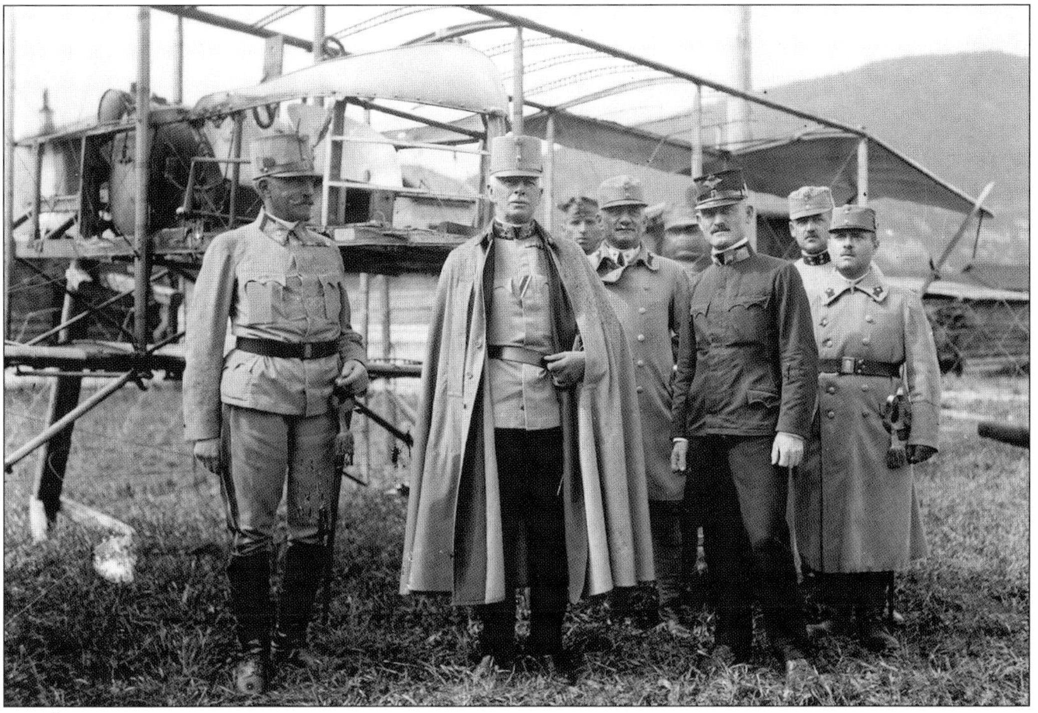

Bei Übungsflügen landete die sogenannte Etrich-Taube mit großem militärischen Geleit in den Spittaler Auen. Die Landung war auch für die Bevölkerung eine Sensation, 1908.

Mit dem Spittaler Wehrschild sollten finanzielle Mittel am Ende des Ersten Weltkrieges aufgebracht werden. Wer etwas spendete, durfte, je nach Höhe des Betrages, einen eisernen, kupfernen oder einen Messingnagel einschlagen, 1918.

Russische Kriegsgefangene zogen im Jahre 1917 über den Spittaler Hauptplatz.

Aufstellung der mobilen Artillerie im Schloßhof Porcia, 1917.

Russische Kriegsgefangene warteten auf ihre Lagerzuweisung im Schloßpark.

Rückzug und Zusammenbruch der Monarchie im Jahre 1918. Überfüllte Züge passierten auch den Bahnhof Spittal.

Für Kärnten war der Krieg noch nicht zu Ende. Die Freiwilligen-Kompanie unter Oberleutnant Koinig sammelte sich im Jahre 1919 im Schloßhof Porcia für den Kärntner Abwehrkampf.

Am 13. März 1938 fuhren Panzerspähwägen der Deutschen Wehrmacht in Spittal ein. Zu diesem Zeitpunkt glaubte noch kaum jemand, daß sechs Jahre tiefen Leids der Bevölkerung bevorstanden.

Auch die Jugend trug Uniform: die Hitlerjugend im Jahre 1938.

Je länger der Krieg dauerte, um so dringender wurde Geld benötigt und die Bevölkerung zu Spenden animiert, 1942.

Gegen Ende des Krieges kamen Flüchtlinge aus vielen Ländern, hier Ungarn, nach Spittal.

Im Osten Spittals wurde in einfachen Zelten im Jahre 1945 ein Kosaken-Lager errichtet.

Tausende Flüchtlinge und Kriegsgefangene wurden in dem aus Holzbaracken bestehenden Lager im Osten der Stadt untergebracht, 1945.

Die letzte Kundgebung vor dem Ende des NS-Regimes fand im April 1945 im Schloßhof Porcia statt.

In den letzten Kriegsmonaten wurde Spittal mehrmals schwer bombardiert. Zwischen Oktober 1944 und April 1945 rollten 13 Fliegerangriffswellen über die Stadt hinweg, forderten Tote und Verletzte und richteten gewaltige Schäden an.

Elf Tote, 64 Verletzte, 29 schwere und 200 leichte Bombenschäden waren zu beklagen.

Am 9. Mai 1945 um 10:30 Uhr erreichte der erste britische Panzerspähwagen das Lager in Spittal. Der Krieg war vorbei!

Im Jahre 1952 besuchte der spätere britische Premierminister Sir Anthony Eden die „1st Queen's Own Cameron Highlanders“ in Spittal.

Der Hauptplatz war zentraler Punkt für die Einweisung der Truppen, 1945.

Was von der schrecklichen Zeit blieb, waren Trümmer. Der Wiederaufbau begann auch am zerstörten Bahnhof, 1945.

3

Verkehrsentwicklung

Um 1913 gehörten Automobile noch nicht zum alltäglichen Straßenbild Spittals.

Vor allem die ländlichen Gebiete rund um die Stadt waren zum Teil bis in fünfziger Jahre von Pferdegespannen und hölzernen Transportwägen geprägt.

Das erste professionelle Transportunternehmen, der Schnelltransport Schretter, bestand bereits seit dem Jahre 1915.

Besonders in den engen, zum Teil steilen Gassen rund um das Marktzentrum war die Fortbewegung mittels Automobil schwierig, um 1914.

Dr. Fasan bevorzugte den Einspänner auf seinen Fahrten zwischen dem Marienheim und Spittal. Der ehemalige Schiffsarzt hatte im Jahre 1895 in seinem Landhaus in der Lieserschlucht ein Sanatorium für Nervenkranke eingerichtet. Heute wird das Marienheim als Seniorenheim genutzt.

Fürst Ferdinand von Porcia mit Familie auf einer Ausfahrt in der fürstlichen Kutsche, 1898.

Bei Festzügen bilden Pferdegespanne bis in die Gegenwart eine besondere Attraktion, wie beim Jagdtag 1950.

Auch Bürgerfrauen saßen in den ersten Jahren der Motorisierung bereits am Steuer, 1908.

Einer der ersten Automobilisten in Spittal war Ferdinand Nest, um 1905.

Bereits 1926 wurde die Autogesellschaft Spittal-Seeboden gegründet, die mit einem 14sitzigen Bus den fahrplanmäßigen Betrieb zwischen dem Bahnhof Spittal und dem Millstätter See aufnahm.

Im Jahre 1919 kam der Autoschlosser Josef Buchleitner aus Oberösterreich nach Spittal und errichtete bald danach die erste „Autowerkstätte" am Neuen Platz.

Die Firma Buchleitner machte alle Entwicklungen der Autobranche mit, hier um 1970, und blieb bis in die neunziger Jahre in Familienbesitz. Das „Autohaus Buchleitner" besteht bis heute an der selben Stelle.

Am 5. Juli 1909 wurde die Tauernbahn als eine der wesentlichsten Verkehrsverbindungen durch die Alpen am Bahnhof Spittal feierlich eröffnet.

Neben der Bahnstation Spittal wurde auch mit dem Bau von Lagerhallen zur Frachtenabwicklung begonnen.

Schon zwischen 1870 und 1871 stand Spittal im Zeichen des Eisenbahnbaues. Die Pustertalbahn von Villach nach Franzensfeste wurde in dieser Zeit gebaut.

Auf dem heutigen Taxistandplatz vor dem Bahnhof standen um 1900 Fiaker zur Personenbeförderung bereit.

Besonders vor dem Ersten Weltkrieg herrschte oftmals wegen an- und abrückenden Truppen ein enormes Gedränge am Bahnhof.

In Erwartung des Kaisers, der die Tauernbahn im Jahre 1909 eröffnete, wurde der Bahnhof festlich geschmückt.

Unzählige Ehrengäste erwarteten den hohen Besuch.

Höchste Würdenträger des Marktes und des Landes empfingen Seine Kaiserliche Hoheit Franz Joseph I. in Spittal.

Wohlwollend nahm der Kaiser die Grußbotschaften der Kinder Hilde Görner und Richard Laßnig entgegen.

Neben den Transportwegen zu Land spielte bis in die Mitte des 20. Jahrhunderts auch die Flößerei auf Flüssen und Seen eine wichtige wirtschaftliche Rolle. Die Drauflößerei, um 1930, wurde anno 1989 durch einen Traditionsträgerverein wiederbelebt.

Über den Millstätter See wurden Waren und vornehmlich Holz mittels riesiger Flosse und sogenannter Plätten transportiert, etwa 1910.

Im Jahre 1901 wurde die Millstätter Schiffahrtsgesellschaft gegründet und der Dampfschiffverkehr am See aufgenommen. Mit Pferdegespannen wurde der Dampfer „Aribo“ vom Bahnhof Spittal nach Seeboden geführt, 1912.

Schon um die Jahrhundertwende erfreute sich der Spittaler Hausberg, das Goldeck, enormer Beliebtheit bei Wanderern.

Und auch die ersten Skipioniere genossen nach beschwerlichem Aufstieg die Tiefschnee- und Firnabfahrten vom Goldeck.

Bereits im Jahre 1960 wurde das Goldeck durch eine Gondelbahn in zwei Sektionen touristisch erschlossen.

Die Eröffnung der Gondelbahn wurde mit einem Festzug, an dem sich die ganze Bevölkerung beteiligte, gefeiert.

Bereits um 1970 wurde durch den stetigen Ausbau von Liften und Aufstiegshilfen das Goldeck als Skiberg erschlossen.

4
Aus dem gesellschaftlichen Leben

Der Bundesvorstand der Konsum Genossenschaft, die aus dem Arbeiterverein „Vorwärts" heraus Kaufhäuser und Bäckereien betrieb, tagte im Jahre 1924 in Spittal. Gastgeber war Vorstandsmitglied und Vizebürgermeister Markus Burgstaller, sechster von links in der zweiten Reihe.

Die Spittaler Bürgergarde, deren Gründungsdatum aufgrund des Fehlens der Gründungsurkunde nicht nachvollzogen werden kann, wurde aus diesem Grund 1903 aufgelöst. Bis dahin stellte sie

einen der wichtigsten gesellschaftlichen Körper des Marktes dar. Erst im Jahre 1991 wurde sie neu gegründet, um die Tradition wieder aufzunehmen. Das Foto stammt aus der Zeit um 1889.

Die Belegschaft der Eisenbahner der Bahnlinie Franzensfeste – Villach versammelte sich in Volldekoration, 1906.

Die Brüder Josef, gestorben 1875, und Paul Grebitschitscher, gestorben 1874, gehörten zu den größten Wohltätern des Marktes Spittal. Sie stifteten nennenswerte Beträge für die Errichtung einer Fortbildungsschule, zum Bau einer Wasserleitung und zur Ausgestaltung der Pfarrkirche. Darüber hinaus schenkten sie dem Markt ein Seifensiederhaus samt Feld und Wald.

Ein kirchliches Ereignis besonderen Maßes stellte für die Bürger die Fronleichnamsprozession durch das Zentrum des Marktes dar, um 1930.

Die gesamten Honoratioren der Bürgerschaft nahmen an der Prozession teil, 1936.

Der Reichsverband „Anker“, ein Männerbund, der sich auch politischen Stellungnahmen widmete, gründete anno 1912 eine Spittaler Sektion.

Im Jahre 1923 wurde im Andenken an die Gefallenen des Ersten Weltkrieges und des Kärntner Abwehrkampfes der Jahre 1918 bis 1920 das erste Spittaler Kriegerdenkmal bei der Stadtpfarrkirche feierlich enthüllt.

Gesellschaftlichen und alpinistischen Zwecken widmeten sich etwa seit dem Jahre 1907 die „Naturfreunde". Die Spittaler Sektion besteht bis heute. Das Foto zeigt die Mitglieder um 1920.

Die Erschließung der Alpen und die Stärkung des Alpinismus sind Ziele des Alpenvereins. Die Spittaler Sektion wurde anno 1898 vom Mühlenbesitzer Leonhard Bruckmann gegründet und zählt bis heute zu den Fixpunkten im Spittaler Vereinsleben. Das Foto zeigt den Vorstand im Jahre 1930.

„Das ist des Jägers Ehrenschild, daß er hegt und pflegt sein Wild." Diesem Leitspruch frönte auch die Spittaler Jägerschaft 1934 in der Jägerstube des Gasthofes „Post".

Unter großer Anteilnahme der Bevölkerung feierte der Turnverein Spittal im Jahre 1922 sein 50. Gründungsfest mit einer Fahnenweihe am Neuen Platz.

Mit einem Schauturnen am Hauptplatz trug der Turnverein zum sogenannten Kärntnertag des Jahres 1920 bei.

Das 1. Bezirksturnfest wurde anno 1920 auf der Wiese beim Sorgo-Bräu, heute Gösser-Bräu, in der Edlingerstraße durchgeführt.

Josef Sorgo, im Bild mit Gattin Brigitte, kaufte im Jahre 1870 den „Lackenwirt“ und machte daraus die Sorgo-Brauerei. 27 Jahre später baute er in der Lederergasse ein Elektrizitätswerk, so daß im Markt erstmals elektrisches Licht leuchtete. Das Sorgowerk war das erste der Öffentlichkeit dienstbare Elektrizitätswerk Kärntens.

Gattin Brigitte Sorgo gründete zur Erhaltung und Pflege der Bürgertracht im Jahre 1914 die Gruppe der „Spittaler Goldhaubenfrauen".

Neben den Bürgerfrauen wurde auch eine Gruppe der unverheirateten Mädchen mit Jungbürgertrachten ausgestattet.

Neben dem Spittaler Turnverein bestand zwischen 1928 und 1932 ein Christlicher Deutscher Turnverein in Spittal als Vorgänger des Kolping-Vereins.

Die Spittaler Wehrturner, um 1935.

Im Jahre 1921 fand das erste Fußballspiel des Sportvereins Spittal, des SVS, statt. Die Fußballmannschaft des SVS spielt heute in den höchsten österreichischen Spielklassen. Das Foto zeigt die Mannschaft um 1925.

In den Jahren 1963, 1965 und 1977 fanden Wildwasser-Weltmeisterschaften auf der Lieser statt. Das Bild von 1965 dokumentiert, wie groß das Publikumsinteresse an dieser Extremsportart war.

Die Lieser zählt bei Kanuten zu den interessantesten Wildwasserrevieren Europas, 1965.

Die öffentliche Festsitzung des Spittaler Stadtrates unter dem Vorsitz von Bürgermeister Hans Hatz, in der Mitte, zum 40-Jahr-Jubiläum der Stadterhebung und zum 50-Jahr-Jubiläum der Kärntner Volksabstimmung 1970 wurde vom Singkreis Porcia untermalt.

Aus dem selben Anlaß errichtete das Bezirksheimatmuseum einen Malbaum am Neuen Platz, der die Geschichte der Stadt in Bildern darstellt.

Seit 1963 bietet die Spittaler Faschingsgilde in der närrischen Zeit ein abwechslungsreiches Programm mit Sitzungen, Kinderfasching und Umzug. Im Jahre 1977 herrschten Prinz Schalkus XV., Josef Mussnig, und Prinzessin Christa II., Christa Kapeller.

Unter großer Anteilnahme der Spittaler Vereine und Wirtschaftstreibenden organisiert die Faschingsgilde am Faschingssamstag einen närrischen Umzug durch die Innenstadt, 1965.

Im Jahre 1948 besuchte Bundespräsident Dr. Karl Renner mit Landeshauptmann Wedenig und Landesrat Ferlitsch die Stadt und wurde von Bürgermeister Michael Pfeiffer vor dem Schloß Porcia empfangen.

Bundespräsident Franz Jonas eröffnete im Jahre 1971 das Hallen- und Freibad in Spittal an der Drau.

50 sogenannte Ruhrkinder verbrachten den Sommer 1923 in Spittal und am Millstätter See.

Von 1935 bis nach dem Zweiten Weltkrieg waren die Mädchenklassen der Spittaler Volksschule im Schloß Porcia untergebracht. Allgemeine Raumnot und die Abtretung des Spittls, das seit den vierziger Jahren des 19. Jahrhunderts als Schule gedient hatte, an das Bundesheer zwangen zu dieser Lösung.

Bereits im Jahre 1901 wurde die Spittaler Volksschule im Spittl in eine fünfklassige Knaben- und eine fünfklassige Mädchenschule geteilt. Das Foto der Knabenklasse stammt aus der Zeit um 1920.

Über 80 Schülerinnen saßen anno 1920 in der 3. Klasse der Mädchenvolksschule im Spittl.

5
Die Kulturmetropole Oberkärntens

„La commedia degli Zanni", ein klassisches Stück der Commedia dell'arte, wurde im Schloßhof Porcia von der Theatergruppe „Ca Foscari" aus Venedig aufgeführt, 1963.

Fürstlich Porciasches Theaterensemble am Stiegenaufgang des Parkschlößls, 1886.

Weihespiel der Spittaler Turner, 1925.

Im Jahre 1926 bot die Wanderbühne Prechtl das Stück „Margarethe Maultasch" im Spittaler Gasthof „Makoru".

Besonders der Christliche Arbeiterverein bemühte sich in den zwanziger Jahren um das Laienspiel nach klassischen Vorlagen. Es standen aber auch bäuerliche Schwänke und Possen auf dem Programm, 1922.

Mentor der Theatergruppe des Christlichen Arbeitervereins war Guido Zernatto, in der Mitte sitzend.

Guido Zernatto, der Ältere (1879-1952), hatte als Poet stets das Bestreben, für die Menschen des Marktes dazusein, für sie zu dichten, zu komponieren und zu singen. Er versuchte, das Kulturleben in fruchtbare Bahnen zu lenken. Dies bewies er als Chorleiter, als Spielleiter der Theatergruppe und als begeisterter Lehrer.

Der Spittaler Turnverein bot unter dem Namen „Circus Cliffort“ dem Publikum ein Stehgreifspiel mit zahlreichen turnerisch-akrobatischen Einlagen.

Am Ende der fünfziger Jahre bemühte sich die Spittaler Volkstumsgruppe unter der Leitung von Prof. Helmut Prasch um das Laienspiel im Schloßhof Porcia.

Volksstücke und Possen, auch die Umsetzung volkstümlicher Stoffe wie „Michael Gaißmair", wurden zur Aufführung gebracht.

Im Jahre 1961 begann mit Stücken von Feydeau, Shakespeare, Courteline und Artmann einer der Spittaler Kulturhöhepunkte, die „Komödienspiele Porcia". Initiiert vom Leiter des Kulturringes, Michael Luptowitz, entwickelte sich das „leichte Lachen auf Porcia" zu einem internationalen Inbegriff für die Qualität des Spittaler Sommertheaters.

Besonders der italienischen und französischen Komödientradition verbunden, wie hier mit Molières „Die Streiche des Scapin“, erstmals im Jahre 1965 aufgeführt, wird bis heute dem Publikum internationale Theaterklasse geboten.

Viel Prominenz, wie Bundespräsident Franz Jonas, gaben Intendant Herbert Wochinz, dritter von links, und seinem Ensemble die Ehre, 1966.

Anno 1861 gründeten 13 Spittaler Bürger den „Männergesangsverein 1861". Um 1900 betrieb der inzwischen auf über 40 Mitglieder angewachsene Chor zusätzlich ein Orchester und eine Theatergruppe. Die Tradition des „MGV 1861" lebt bis heute.

Spittals zweitältester Chor wurde im Jahre 1914 als Sängerrunde „Frisch auf" gegründet, aus der bereits sechs Jahre später unter dem Chorleiter und Spittaler Chronisten Jakob Zenz der Eisenbahnergesangsverein „Frisch auf" hervorging, der ebenfalls bis heute besteht.

Im Jahre 1923 gründeten Mitglieder der Sängerrunde „Frisch auf" den Männergesangsverein „Frohsinn". Unter der Leitung von Guido Zernatto, ab 1926, erlangte der Chor große Beliebtheit und Ansehen, die bis in die Gegenwart erhalten geblieben sind.

Aus der Untermalung und Mitgestaltung der Gottesdienste durch die katholische Kirchengemeinde entwickelte sich um 1860 der Spittaler Kirchenchor. Um 1900 leitete Karl Zill diesen.

Bei Sängertreffen und offenem Singen wurden die Gemeinsamkeiten unter den Sängern im Schloß Porcia gepflegt, 1955.

Aus Mitgliedern des Spittaler Jugendchores und einer kleinen Gruppe engagierter Sänger entstand im Jahre 1955 auf Initiative von Hellmuth Drewes und Kurt Pacher der Gemischte Chor Spittal, aus dem schließlich 1960 der Singkreis „Porcia" wurde. Dieser entwickelte sich sehr schnell zu einem internationalen Spitzenensemble und damit zu einem Aushängeschild Spittals.

Hellmuth Drewes war der Initiator und ist bis heute künstlerischer Leiter des Internationalen Chorwettbewerbs auf Schloß Porcia. Darüber hinaus gilt er als Komponist als einer der Väter des neuen Kärntnerliedes.

Der Internationale Chorwettbewerb, im Jahre 1964 erstmals ausgerichtet, ist ein nicht mehr wegzudenkender Höhepunkt im Spittaler Kulturangebot. Spitzenchöre aus aller Welt nehmen jährlich an diesem hochklassigen Sängerwettstreit im Schloß Porcia teil.

Von Beginn an, hier ein Bild aus dem Jahre 1965, erwies sich der Internationale Chorwettbewerb als absoluter Publikumsmagnet.

Ein eigenes Orchester betrieb um 1925 auch der Burschenverein „Edelweiß".

In den dreißiger Jahren bestanden in Spittal zwei weitere Musikensembles. Das „Mandolinenorchester" absolvierte sogar Konzertauftritte in der näheren und weiteren Umgebung.

Aus dem Spittaler Turnverein entwickelte sich unter der Leitung von Ferdinand Nest das Spittaler Turnerorchester.

Aus der Kapelle des Spittaler Bürgerkorps entwickelte sich, nach dem Ersten Weltkrieg durch Brauereibesitzer Ernst Sorgo neu gegründet, die Spittaler Bürgermusik als Vorläufer der heutigen Stadtkapelle.

Die Bürgermusik wurde bei feierlichen Anlässen, Aufmärschen und Umzügen eingesetzt, etwa 1935.

Nach dem Zweiten Weltkrieg formierte sich die Bürgermusik als Spittaler Stadtkapelle neu und konnte sich in der Folge sowohl durch ausgezeichnete musikalische Leistungen als auch durch ihre Jugendarbeit einen klingenden Namen machen.

Neben Lied und Musik widmeten sich die Spittaler mit Begeisterung auch dem Volkstanz. Eine der ersten Gruppen entwickelte sich aus den „Naturfreunden", die im Jahre 1927 eine Sektion Schuhplattler gründeten.

Bereits in den sechziger Jahren war der bis heute tätige Spittaler Harmonikaspieler Michael Wallner, der zahlreichen Volkstanzgruppen zum Tanz aufspielte, dem Österreichischen Fernsehen einen Bericht wert.

Volkstanz im großen Stil wird in Spittal seit dem Jahre 1957 mit den jährlich stattfindenden Oberkärntner Volkstanzfesten gepflegt. Tanzgruppen aus ganz Kärnten und angrenzenden Ländern treffen sich dabei zum gemeinsamen Tanz in Spittal. Gegründet von der Volkstumsgruppe Spittal wird diese Tradition heute von der Alpenvereins-Volkstanzgruppe fortgesetzt.

Bereits anno 1914 wurden zur Pflege und Erhaltung der Bürgertracht die „Spittaler Goldhaubenfrauen" gegründet, die seither bei allen wichtigen Veranstaltungen und Feierlichkeiten der Stadt mitwirken.

Bei den Muttertagsfeiern im katholischen Kindergarten boten die Jüngsten ihren Eltern ein tolles Programm, 1956.

Im Jahre 1958 gründete der Schuldirektor Prof. Helmut Prasch mit sieben ehrenamtlichen Mitarbeitern das Bezirksheimatmuseum Spittal/Drau in den beiden oberen Stockwerken des Schlosses Porcia. Dieses Museum hat sich heute als Museum für Volkskultur zu einem der besten Museen Europas entwickelt und ist somit ein weiteres bedeutenden Aushängeschild des Kulturangebots der Stadt.

Der Eröffnung des Museums nach dreijährigem Ausbau im Jahre 1961 wohnten unter viel Prominenz auch Landeshauptmann Wedenig, erster von links, und Bürgermeister Hans Schober, in der Mitte, bei, die sich von Helmut Prasch, vorne rechts, die Schätze der Oberkärntner Volkskultur zeigen ließen.